Nationalparks in Süd-, Südwest- und Ostafrika

Erschienen 10-2016, 1. Auflage
Schlosser Verlag, Inh. Manfred Schenk KG,
41363 Jüchen
Persönlich haftender Gesellschafter: Manfred Schenk

Text: Erich Brandes
Fotografien: Erich Brandes
Gestaltung, Layout und Druck: Schlosser Verlag
Lektorat: Alexandra Eryiğit-Klos

ISBN: 978-3-96086-010-5
€ 29,95

Erich Brandes

Nationalparks in Süd-, Südwest- und Ostafrika

Fotosafari mit Beschreibungen und Bildern der Länder
Namibia, Südafrika, Simbabwe, Botswana, Tansania und den
10 Nationalparks in diesen Regionen

Vorwort

Die nachfolgenden Beschreibungen der süd- und ostafrikanischen Staaten Namibia, Südafrika, Simbabwe, Botswana und Tansania mit den Fotos von 10 Nationalparks behandeln die Entwicklung dieser Länder und deren Tierwelt. Zum besseren Verständnis ist es für Besucher lohnenswert, sich eingehender mit den Kulturen, der Geschichte und den Menschen dieser Länder zu befassen.

Die Entwicklung des Kontinentes Afrika ist äußerst komplex. Tektonische Verschiebungen, Vulkanismus, Eiszeiten, ein gravierender Klimawandel und Veränderungen der Lebensbedingungen hatten Völkerwanderungen zur Folge, die je nach den spezifischen Bedingungen der Region, die erreicht wurde, zur Sesshaftigkeit oder zum Nomadenleben führten.

Der späteren Kolonialisierung folgten völkerrechtliche Neuordnungen nach den beiden Weltkriegen, die gegen Ende der weißen Vorherrschaft, meist nach internen Machtkämpfen, letztlich zur Eigenständigkeit der afrikanischen Völker führten. Die Angehörigen der weißen Bevölkerung, teilweise in der 4. Generation, sind natürlich Staatsangehörige ihres jeweiligen Landes, wessen auch sonst. Die angestrebte und teilweise begonnene Umverteilung von Ländereien erweckt Erwartungen und Besorgnisse.

Die jungen Staaten befinden sich in einem Zeitraum, der sich aus dem Ablauf und den Folgen europäischer Kolonisation, dem Aufeinandertreffen abendländischer Kulturen mit den traditionellen afrikanischen sowie dem Stammesdenken und der Denkart der schwarzen Afrikaner ergeben musste. Es ist gut, diese Zusammenhänge zu verstehen, wenn man sich dort als Besucher aufhält.

Erich Brandes

Inhalt

Kavango-Zambezi Transfrontier Conservation Area

Die „Peace Parks Foundation“ und der „World Wide Fund for Nature“ möchten ein Gebiet von 440.999 km^2 zu einem großen Naturpark erschaffen. Dieser länderübergreifende Park würde die Regionen an dem oberen Zambezi und dem Okavango aus den entsprechenden Landesteilen von Namibia, Sambia, Botswana und Simbabwe umfassen.

Die Initiatoren begründen ihre Planung damit, dass die heutigen politischen Grenzen die Lebensräume mancher Stammesgemeinschaften und die Migrationswege der Wildtiere durchtrennen. Es mangelt derzeit an der notwendigen Koordination zwischen den beteiligten Staaten.

Durch die Realisierung dieses großartigen Projektes würden in dem gesamten Gebiet wirtschaftliche Vorteile durch einen vermehrten Tourismus sowie die Schaffung neuer Unterkünfte und Arbeitsplätze entstehen. Es ist zu hoffen, dass sich die Regierungen der einbezogenen Länder und die ansässigen Einwohner so bald wie möglich einigen.

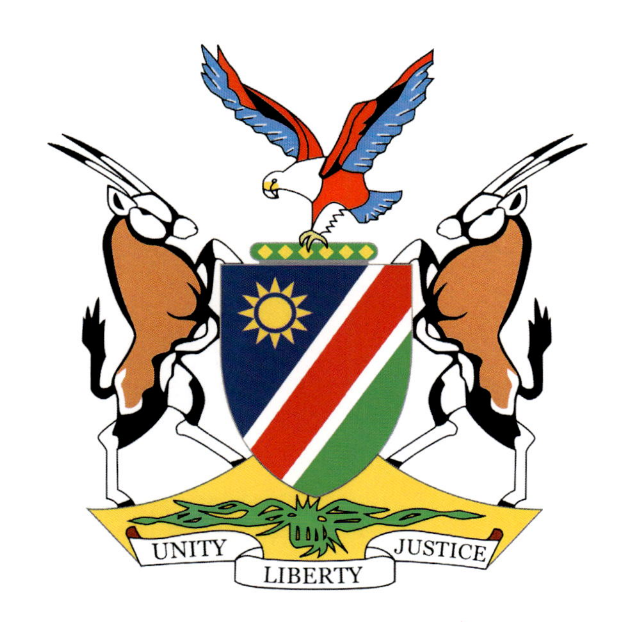

Republik Namibia

Das im Südwesten Afrikas gelegene Land umfasst eine Fläche von 824.292 km² und hat 2,1 Mio. Einwohner. Die Bevölkerung besteht aus Ovambos, Namas, Kavangos, Damaras, Hereros und Weißen. Es wird Englisch, Afrikaans, Deutsch und in Stammessprachen gesprochen.
Die Entdeckung des Landes erfolgte 1486 durch den Portugiesen Diogo Cão an der Küste des Kaoko-Veldes. Cão errichtete am Kreuzkap ein Steinkreuz. Die frühere Kolonialisierung begann 1700, nachdem Holländer, Briten und Deutsche auf der Suche nach Rohstoffen sich dort ansiedelten. Um 1805 begannen Missionare ihr Werk.

In der Berliner Kongokonferenz wurden 1885 Grenzziehungen um das Territorium von Südwestafrika vorgenommen. Deutschland wurde die Kolonie Deutsch-Südwestafrika gewährt. Die Schutztruppe sicherte die deutschen Wirtschaftsinteressen und die Ansiedlung von Farmern, verbunden mit zahlreichen Auseinandersetzungen mit den eingeborenen Stämmen.

Nach dem Ausbruch des Ersten Weltkrieges übernahm die Südafrikanische Union das Mandat über Südwestafrika, bis die UNO 1973 der Südwestafrikanischen Volksorganisation, bekannt als SWAPO, das Alleinvertretungsrecht zuerkannte. 1989 fanden endlich freie Wahlen unter Beteiligung aller politischen Gruppen statt, ein Ende des Kräftemessens im politischen Vakuum. Ein großes Problem war die Frage der Neuverteilung von Ländereien, die unter der deutschen und südafrikanischen Kolonialherrschaft in Besitz genommen worden waren.

Die Namibwüste zwischen dem Oranje River im Süden und dem Kuiseb River ist die älteste Trockenwüste der Welt. Die höchste Düne bei Sossusvlei ist mit 450 Metern ebenfalls unübertroffen. Der meist trockene Tsauchab-Fluss verläuft unterirdisch im Innenplateau zwischen den Dünen und ermöglicht das Wachstum weniger spärlicher Büsche und Bäume wie die Kameldorn-Akazie.

Nur wenige Tierarten, beispielsweise die Sidewinder, die sich seitenwindend forbewegt, und die Oryxantilope, haben sich in dieser lebensfeindlichen Umgebung physiologisch angepasst.

Remhoogte Pass

Kuisep Canyon

Flamingos in der Walvis Bay

Mondlandschaft – im Hintergrund das Erongogebirge

Das Kreuzkap oder Cape Cross ist ein Teil des Naturschutzgebietes Robbenreservat Kreuzkap und 130 km nördlich von Swakopmund gut zu erreichen. Der kalte Benguelastrom mit seinem Fischreichtum lockt mehrere 10.000 Ohrenrobben (Seelöwen) an diesen Ort. Insgesamt befinden sich 24 Kolonien an der Küste mit einer geschätzten Gesamtpopulation von 600.000 Tieren.

Der kommerzielle Fischfang ist dadurch so weit beeinträchtigt, dass ein Teil dieser Robben jährlich offiziell getötet werden muss. Die Besucher lassen sich von dem Gestank und dem Lärm der Robben jedoch nicht von dem großartigen Naturerlebnis abhalten.

Südafrikanischer Seebär

Anderson Gate

Der im Norden Namibias gelegene Etosha-Nationalpark zählt mit seiner Fläche von 22.275 km² zu den großen Tierparks von Afrika. Das Zentrum des Parks bildet die weiß glitzernde Etosha-Pfanne. Diese Besonderheit vermittelt den unverwechselbaren Charakter dieses Parks. Die Senke der Salzpfanne füllt sich nur nach starkem Regen mit Wasser und zieht zahlreiche Flamingos an. Meist verdunstet das Wasser schon nach kurzer Zeit. An die Pfanne grenzt Grasland, das in Trockenbusch und Baumsavanne übergeht. Riesige Herden von Großwild ziehen über die offene Steppe, gefolgt von Löwen, Leoparden und Geparden. Die Hauptzufahrten führen durch das südliche Anderson Gate, nahe dem Camp Okaukuejo, und das östliche Lindequist Gate vor dem Camp Namutoni. In der Mitte des Parks befindet sich das Camp Halali. Die Wasserstellen dieser Camps ermöglichen besonders abends zum Teil aufregende Wildtierbeobachtungen aus nächster Nähe.

Springbock

Gelbschnabeltoko

Spießbock

Springbock

Damara-Zebra
Afrikanischer Elefant

Alte Festung Namutoni
Großer Kudu
Zebramanguste

Streifengnu

Springbock

Republik Südafrika (RSA)

Das Land umfasst eine Fläche von 1.299.090 km^2 mit einer Einwohnerzahl von 50.430 Mio. Die Bevölkerung besteht aus Tswana, Xhosa, Tsonga, Ndebele, Swasi, Zulu, Venda und Weißen. Man spricht Englisch, Afrikaans und Stammessprachen. Die RSA ist das wirtschaftlich, touristisch und infrastrukturell reichste Land Afrikas.

Die frühere Geschichte bis zum 20. Jahrhundert verlief äußerst vielschichtig. Die Gründung der Union von Südafrika erfolgte 1910 nach Abgrenzungen der heutigen Territorien Lesotho, Botswana und Simbabwe.

In der nüchternen Erkenntnis, dass eine Integration von Weißen und Schwarzen aus kulturellen und sozialen Gründen nicht umsetzbar war, wurde von 1948 bis 1994 zwangsweise die Apartheit eingeführt. Diese strenge Rassentrennung führte zum Widerstand der Schwarzen und rief weltweit Unwillen hervor.

Heute regiert die schwarze Mehrheit nach Übernahme der Verwaltungsstrukturen weißer Herrschaft in einer Art, welche die Mentalität der Schwarz-Afrikaner, deren Stammesdenken und der Denkart der alten Waffenbrüderschaften schwarzer Politiker zum Ausdruck bringt.

Selten ist in anderen Ländern ein solches Nebeneinander von Wildnis, gewaltigen Naturlandschaften und einer großen Zahl von Wildtieren unmittelbar neben gepflegten Obstplantagen, Gärten und Golfplätzen anzutreffen. Größere Städte könnte man sich architektonisch auch im Mittelmeerraum vorstellen.

Der Krüger-Nationalpark umfasst ein Gebiet von 20.000 km^2 und erstreckt sich über 350 km vom Crocodile-River im Süden bis zum Limpopo River im Norden, dem Grenzfluss zu Simbabwe. Im Osten grenzt der Park an den Limpopo-Nationalpark von Mosambik. Die endlosen, abwechslungsreichen Landschaften und teilweise permanent wasserführenden Flüsse erlauben Tierbeobachtungen zahlreicher Wildtiere, einschließlich der „Big Five". Wilderer jagen mit Hubschraubern und Allradfahrzeugen Nashörner. Das RSA-Militär jagt die Wilderer. Dem Treiben könnte nur von den Empfängerländern, hauptsächlich China, durch Verzicht auf diese Aphrodisiaka ein Ende gesetzt werden.

Sattelstorch
Flusspferd

Kaffernbüffel

Bärenpavian
Kampfadler

Kapgiraffe
Steppenzebra

Steppenzebra und Impala

Fluss Mpnongolo

Ellipsen-Wasserbock

Republik Simbabwe

Das Land erstreckt sich über eine Fläche von 390.000 km^2 und hat eine Einwohnerzahl von 10 Mio. Als Armutsemigranten leben 3 Mio. im benachbarten Ausland. Die Bevölkerung besteht aus Shona, Ndebele und Tonga. Es wird Englisch, Shona und Ndebele gesprochen.

Schon im 1. Jahrtausend war das Land von den Shona-Karanga bewohnt und die Gold- und Eisenerzvorkommen brachten Wohlstand im Tausch gegen Kleidung, Porzellan und Perlen von der Ostküste. Unter der Shona-Dynastie zerfiel Simbabwe in einzelne Staaten, gefolgt von einer wechselhaften Geschichte.

Das ehemalige britische Rhodesien wurde 1980 selbstständig. Interne Machtkämpfe führten zu blutigen Auseinandersetzungen, ähnlich wie in anderen Ländern nach Ende der weißen Herrschaft. Circa 20.000 Tote waren zu beklagen. Mithilfe von 160 Mio. USD festigte der Präsident Mugabe seine Macht.

Im Vergleich zu der britischen Kolonialzeit ist das rohstoffreiche Land verarmt. Weiße Farmer wurden enteignet, einige getötet und deren Farmen sogenannten Kriegsveteranen überlassen. Die Folgen sind Unrentabilität, Verarmung und Korruption. Zeitweise herrschte eine galoppierende Inflation, gefolgt von der Anlehnung an den USD, über den kaum jemand verfügt. Die Regierung erklärt das mit den Sanktionen westlicher Länder, die sich damit einen Beitrag zur Normalität in der Staatsführung erhoffen. Wahlergebnisse werden verfälscht. Die Präsidenten von Namibia und Südafrika halten zu ihrem Waffenbruder Mugabe. In Windhoek wurde die Hauptstraße in die Robert Mugabe Avenue umbenannt.

VICTORIA FALLS

Der Sambesi stürzt bei den Victoriafällen auf einer Breite von 1,7 km in eine Schlucht von einer Höhe von 70 bis 108 Metern in die Tiefe. Hier erleben Besucher eines der größten Naturwunder der Welt. In der Hochwasserssaison ergießen sich 550 Mio. Liter pro Sekunde abwärts. Nebel und Regenbogen sind die Folge.

Der Nationalpark liegt direkt an dem gleichnamigen Ort „Victoria Falls“ und der 10 Kilometer entfernten Stadt „Livingstone“. Auf der Nordseite der Fälle, in Sambia, werden von dem nahe gelegenen Flugplatz Hubschrauberflüge mit atemberaubenden Ausblicken auf den Sambesi und die Fälle durchgeführt.

VICTORIA FALLS NATIONAL PARK
1. DOMESTICATED ANIMALS ARE NOT ALLOWED
2. KEEP YOUR PARK CLEAN-USE LITTER BINS.
3. PLEASE TAKE OUT WHAT YOU BRING IN TO STOP BABOONS SCAVENGING THE LITTER BINS
4. DO NOT WALK OFF THE PRESCRIBED PATHWAYS
5. DO NOT CAUSE FIRES
6. BICYCLES ARE NOT ALLOWED
7. REFRAIN FROM PICKING ANYTHING IN THE FOREST

Main Falls

Flugplatz in Sambia

Republik Botswana

Die 2,06 Mio. Einwohner leben auf einer Fläche von 582.000 km². Die Bevölkerung besteht aus Bantus, Buschleuten, Hereros, Indern, Chinesen, Europäern und 250.000 Simbabwern, die sich illegal in Botswana aufhalten. Es wird Setswana und Englisch gesprochen. Das Land grenzt im Süden und Südwesten an Südafrika, im Nordwesten an Simbabwe, im Norden und Westen an Namibia.

In vorkolonialer Zeit bestand in dem Land eine Anzahl kleinerer Königreiche der Tswana. Unter dem Druck burischer Einwanderer baten die Tswana um britische Hilfe, die in Form eines Schutzvertrages auch gewährt wurde.

Die Region des heutigen Botswana wurde 1883 als Betschuanaland in das britische Empire integriert. 1966 erlangte das Land die Unabhängigkeit von Großbritannien als selbstständige Republik.

Der Chobe-Nationalpark wurde 1987 als erster Nationalpark in Botswana gegründet. Eine dort zuvor existierende Siedlung wurde aufgelöst. Heute ist der Park in seiner Ausdehnung von 10.566 km² von Menschen unbewohnt, die Chobe Game Lodge ausgenommen. Die Landschaft an dem gleichnamigen Fluss Chobe ist für die riesigen Herden von Elefanten, Kaffernbüffeln und Löwen bekannt. Der Park ist ein Teil des in Planung befindlichen grenzüberschreitenden Schutzgebietes „Kavango-Zambezi Transfrontier Conservation Area".

Überquerung des Flusses Chobe

Großer Kudu
Nilkrokodil
Kaffernbüffel

Das Okavangodelta

Das **Okavangodelta** ist das im Norden von Botswana liegende Binnendelta des Okavango und erstreckt sich über eine Fläche von 20.000 km². Der Fluss fächert sich im Delta auf, versickert und verdunstet im Kalahari-Becken. Es ist eines der größten Feuchtgebiete von ganz Afrika und das Winterquartier einiger Vogelarten aus Nordeuropa. Die Aufteilung des Gebietes umfasst den sogenannten Pfannenstiel, den permanent wasserführenden Unterlauf des Okavango, die dauerhaften Sumpfflächen und die größeren Inselbereiche im Inneren des Deltas. Aufgrund seines Tierreichtums und der spektakulären Insellandschaften ist das Delta eines der interessantesten Reiseziele überhaupt. Die Abgelegenheit der Lodges und deren schwierige Versorgung, vielfach nur mit Kleinflugzeugen möglich, machen das Reisen in dieses Gebiet einigermaßen aufwendig.

A2-AHB
Okavango Delta
African Pygmy Goose
Chief's Island
Moremi Game Reserve
Nxabega
Concession
Nxabega
Okavango
Safari Camp

Leopard
Witwenpfeifengans

Vereinigte Republik Tansania

Das Land grenzt im Norden an Kenia, im Westen an den Victoriasee, im Osten an den Indischen Ozean und im Süden an Sambia und Mosambik und umfasst eine Fläche von 883.740 km². Dort leben 44,9 Mio. Einwohner. Diese sind überwiegend Bantus. Es wird Swahili und Englisch gesprochen.

Aus der Frühgeschichte des inneren Tanganjika ist wenig bekannt. Der Küstenbereich hatte wahrscheinlich frühe Handelskontakte mit dem Mittelmeerraum. Später ließen sich Händler aus Arabien und Persien an der Küste nieder und vermischten sich mit den Einheimischen zu der Swahilikultur. Bis 1506 beanspruchte Portugal die Macht und wurde später von der Expansion Omans abgelöst. Sultan Sayyid Said setzte sich gegen die Herrscher von Mombasa durch. Es folgte eine wechselhafte Entwicklung.

Die deutsche Kolonialisierung begann nach dem 1890 abgeschlossenen Helgoland-Sansibar-Vertrag, in dem Helgoland und Tanganjika (ohne Sansibar) Deutschland zugesprochen wurde.

Nach dem Zweiten Weltkrieg erhielt Großbritannien das Völkerbund-Mandat über Tanganjika. Das Land wurde 1961 als Republik Tansania unabhängig.

Kilimandscharo

Der Tarangire-Nationalpark umfasst eine Fläche von 2.600 km². Der Park liegt südlich von Arusha in der Nähe des Manyara-Sees. Durch die Savannenlandschaft fließt der Tarangire-Fluss. Besonders in der Trockenzeit wandern ganze Herden aus trockenen Regionen in den Park ein. Im Vergleich zu größeren Gebieten eine Art Mini-Migration. Auffallend sind die Baumlöwen neben den vielen anderen Großwildarten.

Der **Ngorongoro-Kraterboden** hat einen Durchmesser von ca. 20 km und liegt auf 1.700 m über NN. Die steilen Kraterwände sind 400 bis 600 Meter hoch und werden von den zahlreichen Großwildtieren kaum überwunden. Für Elefanten ist dieser abgeschlossene Lebensraum zu klein. Die Tiere sind an die Besucher gewöhnt und die sonst üblichen Sicherheitsabstände sind hier geringer. Es ist dennoch sehr zu empfehlen, das Fahrzeug nicht zu verlassen und alle Vorsicht walten zu lassen.

Breitmaulnashorn

Die Serengeti mit einer Fläche von 14.763 km² ist ein Teil des Hochplateaus, das vom Ostafrikanischen Grabenbruch im Osten bis an den Victoriasee zum Westen hin leicht abfällt. Sie ist eine offene Landschaft, durchzogen von kleinen saisonal wasserführenden Flüssen, die nach Westen in ein paar Hauptflüsse münden. Hier finden die großen Wanderungen von 1,3 Mio. Gnus, begleitet von 200.000 Zebras und einer halben Million Thomson-Gazellen, statt. Mit Einsetzen der ersten Regenfälle im November ziehen sie in Richtung Südosten und im Juni wieder in Richtung Westen und Norden. Spektakulär sind die Überquerungen des Mara-Flusses im Nordwesten mit vielen Krokodilen. Auch die großen Elefantenherden, die vielen Löwen, Leoparden, Geparden, Großvögel und viele andere Tierarten hinterlassen in der endlos erscheinenden Landschaft das Gefühl von Zeitlosigkeit, unendlicher Weite und den Wunsch zur Wiederkehr.

Ostafrika wurde vor 7 Millionen Jahren von den Hominiden bewohnt. Dann tauchte in der Olduvai-Schlucht im Norden von Tansania (Bild oben) der Homo erectus auf, verbreitete sich über ganz Afrika und begab sich auf die erste große Entdeckungsreise der Welt, bis er ausstarb. Sehr viel später, vor 125.000 Jahren, lebte in derselben afrikanischen Savanne der Homo sapiens, der ebenfalls Wanderungen nach Asien und darüber hinaus unternahm.

Massai-Dorf

Gnu-Herde vor der Überquerung des Mara-Flusses

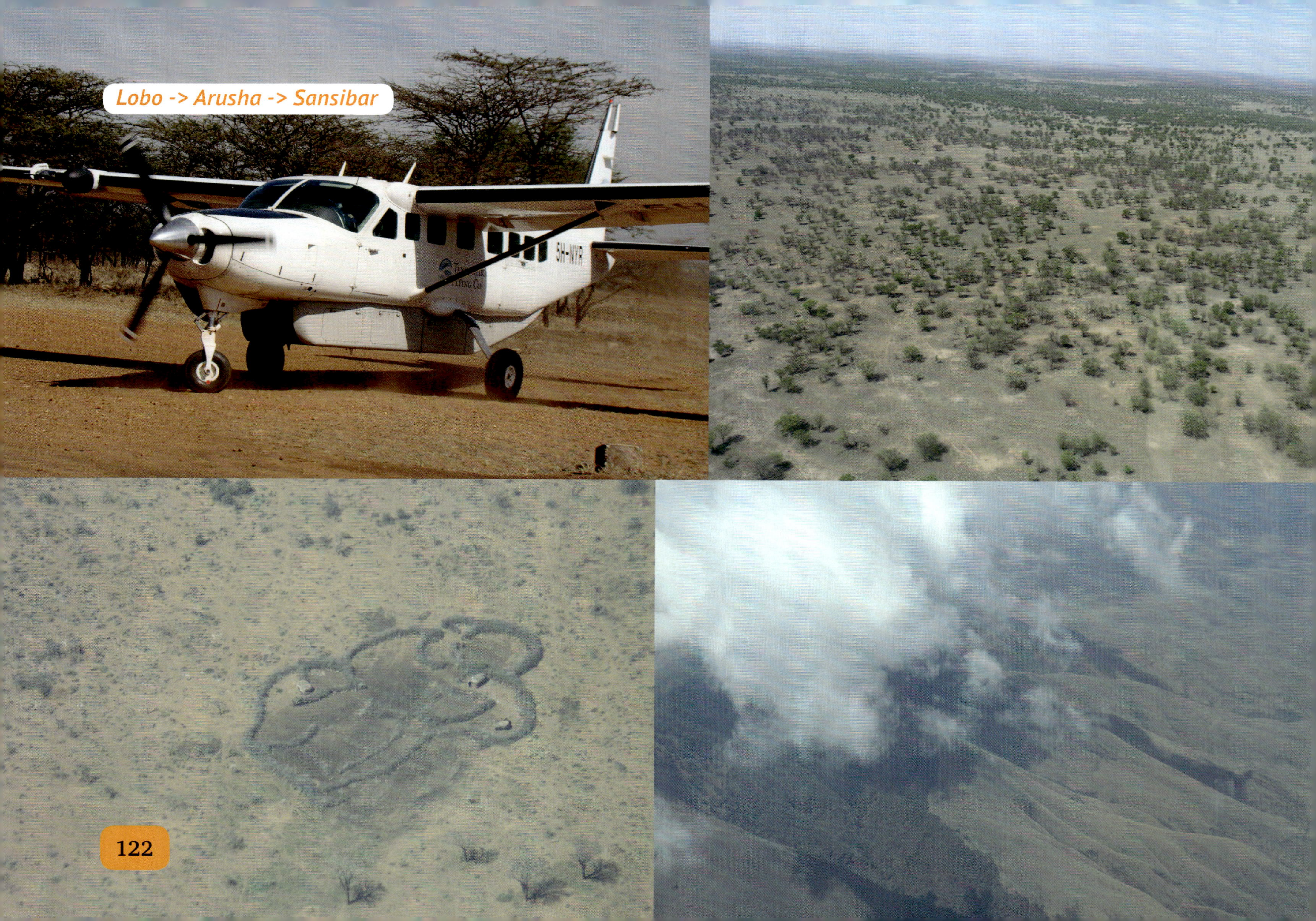

Lobo -> Arusha -> Sansibar

Sansibar – Stone Town: Weltkulturerbe

Historisches Boot im Sultanpalast

KARIBU
ZANZIBAR
Hotel

black pearl
Water Sport & Sea Sa
ZANZIBAR

Sklaven-Skulpturen

116

Enduro YAMAHA